BEI GRIN MACHT SICH IHR WISSEN BEZAHLT

- Wir veröffentlichen Ihre Hausarbeit, Bachelor- und Masterarbeit

- Ihr eigenes eBook und Buch - weltweit in allen wichtigen Shops

- Verdienen Sie an jedem Verkauf

Jetzt bei www.GRIN.com hochladen und kostenlos publizieren

Wie werden mithilfe eines Siebensegment-Dekodierers digitale Zahlen als Dezimalzahlen auf einer Siebensegment-Anzeige dargestellt?

Constantin Sinowski

Bibliografische Information der Deutschen Nationalbibliothek:

Die Deutsche Nationalbibliothek verzeichnet diese Publikation in der Deutschen Nationalbibliografie; detaillierte bibliografische Daten sind im Internet über http://dnb.d-nb.de abrufbar.

ISBN: 9783346691729
Dieses Buch ist auch als E-Book erhältlich.

© GRIN Publishing GmbH
Nymphenburger Straße 86
80636 München

Alle Rechte vorbehalten

Druck und Bindung: Books on Demand GmbH, Norderstedt Germany
Gedruckt auf säurefreiem Papier aus verantwortungsvollen Quellen

Das vorliegende Werk wurde sorgfältig erarbeitet. Dennoch übernehmen Autoren und Verlag für die Richtigkeit von Angaben, Hinweisen, Links und Ratschlägen sowie eventuelle Druckfehler keine Haftung.

Das Buch bei GRIN: https://www.grin.com/document/1264678

Wirtschaftsingenieurwesen Digital Engineering & Management

Hochschule Fresenius onlineplus

Ersatzleistung

7-Segment-Anzeige

Wie werden mit Hilfe eines Siebensegment-Dekodierers
digitale Zahlen als Dezimalzahlen
auf einer Siebensegment-Anzeige dargestellt?

NAME: Constantin Sinowski

ABGABEDATUM: 09.07.21

Inhaltsverzeichnis

1. Kodierung von Informationen 2
   1.1. Morsezeichen 2
   1.2. Dezimalsystem 2
   1.3. Dualsystem 3
2. Erste Entwicklungen 4
3. Funktionsweise einer Leuchtdiode 5
4. Funktionsweise logischer Verknüpfungen 6
   4.1. AND-Verknüpfung 6
   4.2. NAND-Verknüpfung 6
5. 7-Segment-Dekodierer 7
   5.1. Umsetzung 8
   5.2. Ansteuerung 9
   5.3. Schaltplan 10
6. Zusammenfassung 11
7. Fazit 11

Literaturverzeichnis 12

1. Abbildungsverzeichnis

Abbildung 1: Methode zur elektrischen Signalübertragung 4
Abbildung 2: Funktionsweise eines lichtemittierenden Halbleiterkristalls 5
Abbildung 3: Funktionstabelle und Schaltzeichen der AND-Verknüpfung 6
Abbildung 4: Funktionstabelle und Schaltzeichen der NAND-Verknüpfung 6
Abbildung 5: Kennzeichnung der LED einer 7-Segment-Anzeige 7
Abbildung 6: Wahrheitstabelle für einen 7-Segmentdekodierer 8
Abbildung 7: Ansteuerung zur Darstellung der Ziffer „2" 9
Abbildung 8: Schaltbild eines 7-Segment-Dekodierers 10

2. Abkürzungsverzeichnis

LED   Lichtemitterdiode
PN-ÜBERGANG   Übergang von positiv geladener zu negativ geladener Halbleiterschicht

Einleitung

Schon Anfang des letzten Jahrhunderts wurden Nachrichten über lange Distanzen mit elektrischen Signalen übertragen. Das manuelle Übersetzen der Nachrichten in verschiedenste Kombinationen aus kurzen und langen Signalen, wie auch das Auslesen dieser in reinen Text dauerte jedoch sehr lange. Daher gab es Ansätze, um die Morsezeichen direkt als alphanumerische Zeichen darzustellen.

Die Darstellung von Informationen zur Warnung von Mitarbeitern in der Industrie und Logistik oder zur Mitteilung von sich ändernden Preisen und Handlungsanweisungen ist eine nützliche Anwendung für jeden Betrieb, innerhalb eines Gebäudes oder auf einem öffentlichen Platz. Digitale Anzeigen sind heutzutage kostengünstig mitunter wegen der weiten Verbreitung von LED, welche in unterschiedlichsten Farben und Lichtstärken verfügbar sind. Gegenüber Plakatwerbung und statischen Zeichen ist es möglich mit Bildern, Animationen wie auch Videos die Aufmerksamkeit auf eine Botschaft zu richten (Abrol & Sarwar, 2021). Im alltäglichen Gebrauch sind Anzeigen bei Radioweckern, Armbanduhren und Taschenrechnern zu finden oder um Temperaturen am Ofen, die verbleibende Laufzeit bei einer Waschmaschine oder die Preise an der Tankstelle anzuzeigen (Akanle & Oguntosin, 2019).

1. Kodierung von Informationen

Unter Kodierung ist die Umwandlung einer Nachricht von einer Form in eine andere zu verstehen. Die Vorschrift, nach der einem Zeichen des einen Zeichenvorrats (z. B. der 5 aus dem Zeichenvorrat 0...9) ein Zeichen eines anderen Zeichenvorrats (z. B. 0101 aus dem Zeichenvorrat 0000...1001) zugeordnet wird, bezeichnet man als den Kode. Bei einer verschlüsselten Nachricht entspricht der Kode dem Schlüssel für das zu öffnende Schloss der Kodierung (Bernstein, 2019).

1.1. Morsezeichen

Durch den Morsekode werden bestimmten Abfolgen von langen und kurzen Leucht- oder Signaldauern Zeichen zugeordnet. Die Zeichenfolge kurz-kurz-kurz-lang-lang-lang-kurz-kurz-kurz (oder auch: · · · − − − · · ·) entspricht dem Kode für die Buchstaben SOS. Aus dieser Buchstabenfolge wird eine Information, wenn man aus dem Situationszusammenhang weiß, dass diese Kombination international für einen Notruf verwendet wird (Heinrich, Linke & Glöckler, 2020).

1.2. Dezimalsystem

Um als Mensch eine Information aufnehmen zu können, muss sie in einer für uns zugänglichen Form vorliegen. Der Wetterbericht in der Zeitung besteht aus einzelnen Zeichen, die wir zu Wörtern und Sätzen zusammenfügen. Die in den Sätzen enthaltene, man kann auch sagen „kodierte", Information extrahieren wir und reagieren entsprechend. Man kann die im Alltag verwendete Vereinbarung über die „Dekodierung" von Ziffernfolgen auch mathematisch als Formel darstellen. Der Zahlenwert Z_{10} einer Folge von N Ziffern, die aus den Ziffern z_{N-1} bis z_0 besteht, ergibt sich aus der Formel:

$$Z_{10} = \sum_{i=0}^{N-1} Z_i \cdot 10^i$$

Diese Form der Zahlendarstellung nennt man Stellenwertsystem. Jeder Stelle einer Ziffernfolge ist ein Stellengewicht zugeordnet. Im Dezimalsystem ist dies eine Zehnerpotenz. Die Summe der einzelnen Produkte aus Stellenwert und Stellengewicht ergibt den dargestellten Zahlenwert (Gehrke et. al., 2016).

Menschen besitzen zehn Finger, weswegen es vielen Leuten leicht fällt, mit Zahlen - und deren Vielfachen - umzugehen, wenn diese in einem System mit 10 Ziffern von 0 bis 9 auftreten (Haarmann, 2008).

1.3. Dualsystem

In der Digitaltechnik wird ein duales Binärsystem verwendet, welches zwischen „Ein" und „Aus" unterscheidet. Dies kann auch einem logischen „wahr" bei einem H-Pegel (High) mit einem 1-Signal oder im Gegensatz einem „falsch" bei einem L-Pegel (Low) mit einem 0-Signal entsprechen (Bernstein, 2019). Damit es sowohl für Menschen als auch Maschinen möglich ist, Informationen zu übersetzen, werden diese kodiert. Um komplexere Vorgänge als einen der beiden Zustände zu beschreiben, benötigt es ein System mehrerer Zustandskombinationen, um die überlieferten Informationen zu verarbeiten. Dies wird durch binär codierte Dezimalzahlen (BCD) und der Schaltalgebra basierend auf der Aussagenlogik von Shannon, Wahrheitstabellen und Karnaugh-Veitch-Diagrammen erzielt, welche mithilfe logischer Gatter und Schaltnetzen zu Automaten konzipiert werden können.

2. Erste Entwicklungen

Im 20. Jahrhundert wurden elektrische Signale als Morsezeichen telegraphisch übertragen und händisch in Telegramme übersetzt. Zur Vereinfachung der Übersetzung von Morsezeichen erfand und patentierte Carl Kinsley im Jahr 1903 ein Gerät, welches elektrische Eingangssignale als alphanumerische Schriftzeichen auf ein Band übertragen konnte (USPTO zit. n. Kinsley, 1903).

Abbildung 1: Methode zur elektrischen Signalübertragung

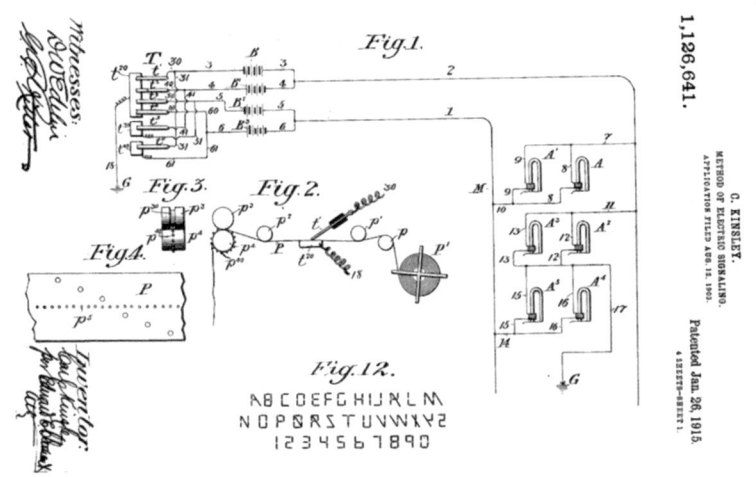

Ein schematisches Schaltbild für ein Gerät, welches elektrische Signale von Telegrammen in Zeichen des lateinischen Alphabets und arabische Ziffern darstellt und so das Morsen erleichtert (Quelle: United States Patent and Trademark Office, zit. n. Carl Kinsley, 1903)

Im Jahr 1908 folgte eine patentierte Erfindung von F. W. Wood, welche mithilfe von Kathodenstrahlröhren auf acht verschiedenen Segmenten alphanumerische Zeichen und aufgrund eines diagonalen Segments auch die Ziffer „4" herkömmlich darstellen konnte (USPTO zit. n. Wood, 1908). Bis zur marktreifen Entwicklung der Leuchtdiode wurden beleuchtete Signalanzeigen bis in die 1970er Jahre nicht verwendet (Sharma, 1971). Die elektronische Schaltung und Ansteuerung basiert bei ähnlichen Anzeigen auf der gleichen Grundlage. Die Wirtschaftlichkeit und Verwendbarkeit von Flüssigkristallanzeigen (engl.: Liquid Crystal Display (LCD)) oder organischen Leuchtdioden (OLED) hängt vom jeweiligen Betriebsprozess und Anwendungsfall ab. Im Folgenden wird der Fokus auf anorganische Leuchtdioden gesetzt.

3. Funktionsweise einer Leuchtdiode

Leuchtdioden werden in Durchlassrichtung betrieben und beruhen auf der Entstehung von Lichtstrahlung durch Rekombination. Dabei strömen Elektronen von der n-Seite zur p-Seite und Defektelektronen umgekehrt. Wird eine Spannung an den pn-Übergang des Halbleiterkristalls angelegt, können sich die Elektronen in der Gitterstruktur nicht frei bewegen.

Abbildung 2: Funktionsweise eines lichtemittierenden Halbleiterkristalls

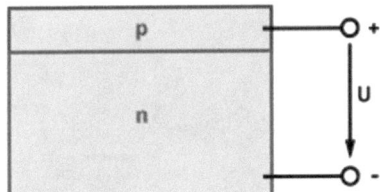

Da die p-Schicht sehr dünn ist, kann das Licht entweichen. Schon bei kleinen Stromstärken ist eine Lichtabstrahlung wahrnehmbar. Die Lichtstärke wächst proportional mit der Stromstärke. Da von dem Halbleiterkristall nur eine geringe Lichtstrahlung ausgeht, ist das Metall unter dem Kristall halbkugelförmig. Dadurch wird das Licht gestreut. Durch das linsenförmige Gehäuse wird Licht gebündelt. So können Leuchtdioden schon mit wenigen Milliampere Strom, welcher von Anode zu Kathode leitet, sehr hell leuchten (Schnabel, 2020).

Sobald die angelegte Spannung die jeweilige Schwellspannung überschreitet und so auch die Temperatur in der Kristallstruktur zunimmt, strömen freie Elektronen von der negativ geladenen zur positiv geladenen Schicht des Halbleiterkristalls. Bilden diese wandernden Elektronen ein Paar mit einem Elektronenloch im positiv geladenen Material, wird überschüssige Energie als Photon freigegeben und so als Licht ausgesendet. Diese Energieabgabe findet in einer vom Halbleitermaterial abhängigen Frequenz statt und beeinflusst die Wellenlänge der Farbe, mit welcher die Leuchtdiode strahlt. Bei höheren Spannungen steigt die Temperatur, was zwar zu mehr Elektronenbewegung führt aber die Gitterstruktur des Halbleitermaterials zerstört. Es gibt also ein Spannungsspektrum, in welchem der gewünschte lichtemittierende Effekt möglich ist und so der Betrieb einer Leuchtdiode stattfinden kann (Harten, 2014, S. 224).

4. Funktionsweise logischer Verknüpfungen

Logische Verknüpfungen bilden die Grundlage für die moderne Digitaltechnik und praktische Anwendungen in Schaltwerken und -netzen wie etwa in Mikrocontrollern und Computern. Digitale Schaltungen verarbeiten digitale Signale. Die sie bildenden Bauelemente arbeiten im Schalterbetrieb mit dualer Binärkodierung (Gehrke et. al., 2016).

4.1. AND-Verknüpfung

Eine häufig verwendete logische Verknüpfung in kombinatorischen Schaltungen ist eine AND-Verknüpfung (dt. UND-Glied), welches eine logische „1" ausgibt, wenn beide Eingangssignale ebenfalls positiv sind. Sobald mindestens ein Eingang negativ ist, folgt auch kein Ausgangssignal.

Abbildung 3: Funktionstabelle und Schaltzeichen der AND-Verknüpfung

A	B	Y	Schaltzeichen
0	0	0	
0	1	0	A, B → & → Y
1	0	0	
1	1	1	

Kodiert werden die beiden Eingangssignale mit A und B und das Ausgangssignal mit Y (Quelle: eigene Darstellung in Anlehnung an Gehrke et. al., 2016)

4.2. NAND-Verknüpfung

Durch Kombination einer AND-Verknüpfung und einer Negation am Ausgang ergibt sich die NAND-Verknüpfung. Der Name leitet sich aus dem englischen „not and" ab. Das Schaltbild entspricht einem UND-Glied mit einem Kreis am Ausgang für die Negation (Gehrke et. al., 2016).

Abbildung 4: Funktionstabelle und Schaltzeichen der NAND-Verknüpfung

A	B	Y	Schaltzeichen
0	0	1	
0	1	1	A, B → & ○ → Y
1	0	1	
1	1	0	

Da bei einer NAND-Verknüpfung jedes Ausgangssignal einer herkömmlichen AND-Verknüpfung negiert wird, entspricht der Wert des Ausgangs jeweils dem Gegenteil eines UND-Glieds (Quelle: eigene Darstellung in Anlehnung an Gehrke et. al., 2016)

Im Kontrast zu einem UND-Glied folgt kein negatives Ausgangssignal, wenn beide Eingänge logisch „0" sind. Dafür ist der Ausgang stets logisch „1", falls beide Eingänge oder jeweils ein Eingang negativ ist.

5. 7-Segment-Dekodierer

Der 7-Segment-Code wird ausschließlich zur Codierung von Zahlen verwendet, die mithilfe einer einfachen Anzeige dargestellt werden sollen. Sehr weit verbreitet sind 7-Segment-Anzeigen in digitalen Weckern, in denen sie zur Anzeige der Uhrzeit dienen. Auch bei einfachen Taschenrechnern kommen Segment-Anzeigen zum Einsatz. Die Darstellung der Ziffern wird häufig durch Leuchtdioden realisiert, die in Form einer eckigen 8 angeordnet sind.

Abbildung 5: Kennzeichnung der LED einer 7-Segment-Anzeige

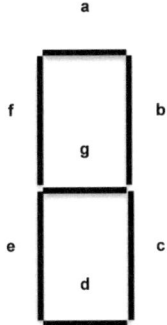

Um die einzelnen LED der Anzeige zuordnen zu können, werden diese mit Buchstaben von a bis g gekennzeichnet. Die Ansteuerung erfolgt über entsprechende Verweisung auf eine Hexadezimalziffer mit Binärkodierung (Quelle: eigene Darstellung nach Gehrke et. al., 2016)

Durch Einschalten ausgewählter Leuchtdioden können nicht nur die Ziffern 0 bis 9, sondern auch die Hexadezimalziffern A bis F (zum Teil als Kleinbuchstaben) angezeigt werden. Auf diese Weise kann pro Ziffer einer solchen Anzeige der Wert von jeweils 4 Bits visualisiert werden. Um Hexadezimalziffern mithilfe einer 7-Segment-Anzeige darstellen zu können, müssen die 4 Bits einer Hexadezimalziffer in geeigneter Weise in 7 Bits zur Ansteuerung der Leuchtdioden der Anzeige umgewandelt werden (Gehrke et. al., 2016).

5.1. Umsetzung

Um die dezimale Ziffer „0" darzustellen, müssen die sechs äußeren Segmente aufleuchten, das mittlere Segment mit der Kodierung „g" jedoch nicht. Werden zuerst wieder alle Segmente angesteuert und die seitliche Anzeige links unten deaktiviert, ist die Ziffer „9" zu sehen. Mit sieben unterschiedlichen Leuchten lassen sich zwar alle Augen eines Würfels darstellen, jedoch benötigt es zur detaillierten Darstellung von diagonalen und geschwungenen Verbindungslinien von manchen Ziffern eine höhere Komplexität. Dies kann umgangen werden, indem der Detailgrad minimiert wird. Zur Darstellung der Ziffer „4" wird statt einer Verbindung zwischen der Ecke links außen und der oberen Ecke das Segment oben links angesteuert.

Abbildung 6: Wahrheitstabelle für einen 7-Segmentdekodierer

Eingangssignal in BCD-Kodierung				Kodierung für die Ansteuerung der Segmente							dezimales Zeichen
x3	x2	x1	x0	a	b	c	d	e	f	g	
0	0	0	0	1	1	1	1	1	1	0	0
0	0	0	1	0	1	1	0	0	0	0	1
0	0	1	0	1	1	0	1	1	0	1	2
0	0	1	1	1	1	1	1	0	0	1	3
0	1	0	0	0	1	1	0	0	1	1	4
0	1	0	1	1	0	1	1	0	1	1	5
0	1	1	0	1	0	1	1	1	1	1	6
0	1	1	1	1	1	1	0	0	0	0	7
1	0	0	0	1	1	1	1	1	1	1	8
1	0	0	1	1	1	1	1	0	1	1	9

Um die Ansteuerung eines Dekodierers als integrierte Schaltung mit vier Eingängen zu realisieren, müssen die verschiedenen Kombinationen der Eingangssignale den sieben unterschiedlichen Segmenten der Anzeige zugeordnet werden. Zur Darstellung der dezimalen Ziffer „8" werden alle verfügbaren Segmente benötigt (Quelle: eigene Darstellung in Anlehnung an Akanle & Oguntosin, 2019).

Um komplexere Zeichen genauer darzustellen, werden mehr Segmente für eine Anzeige benötigt. So gibt es neben 7-Segmentanzeigen auch Anzeigen mit 8, 12 oder 16 Segmenten. Mit organischen Anzeigen, bei denen jeweils Segmente mit den Farben rot, gelb und blau in hoher Dichte verwendet werden, können Anzeigen realisiert werden, welche Bilder in lebensgenauer Schärfe liefern (Marwedel, 2021).

5.2. Ansteuerung

Jedes der Segmente a bis g ist ein pn-Übergang, der bei Stromdurchgang leuchtet. Um eine Ziffer darzustellen, sind die entsprechenden Dioden anzusteuern (Busch, 2015). Diese werden entsprechend der Wahrheitstabelle für die Umsetzung des Binärkodes der darzustellenden Ziffer mit einer niedrigen Spannung von 5 V versorgt.

Abbildung 7: Ansteuerung zur Darstellung der Ziffer „2"

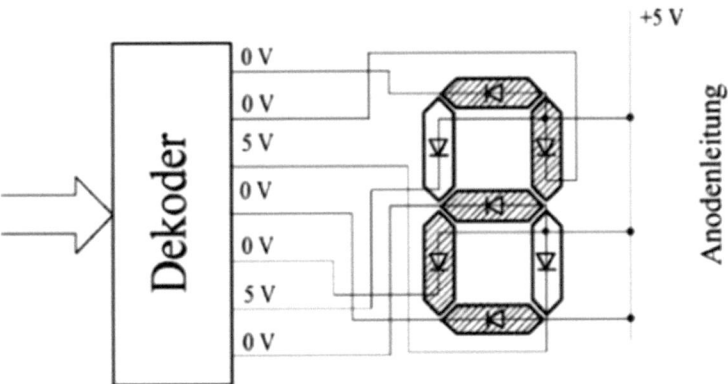

Alle Dioden liegen an einer gemeinsamen Anodenleitung. Es können aber nur diejenigen leuchten, über denen auch eine Spannung in Durchlassrichtung auftritt. Das ist dann der Fall, wenn das Katodenpotenzial von den beiden möglichen Werten „Null" oder „5 Volt" den ersteren Wert annimmt (Quelle: Busch, 2015).

Wie lange eine Dezimalzahl, ob sie blinkend oder statisch und in welcher Helligkeit sie dargestellt wird, hängt von der gewählten Eingangsspannung ab. Die zu sehende Farbe kann entweder durch die Leuchtdioden selbst oder einen Filter am Gehäuse gesteuert werden.

5.3. Schaltplan

Zwar lassen sich Dekodierer auch mit einer Kombination aus OR-, NOR- und AND-Gattern realisieren, so gut wie alle Schaltungen können jedoch auch ausschließlich mit NAND-Gattern konzipiert werden (Mäder zit. n. Schiffmann & Schmitz, 2012).

Abbildung 8: Schaltbild eines 7-Segment-Dekodierers

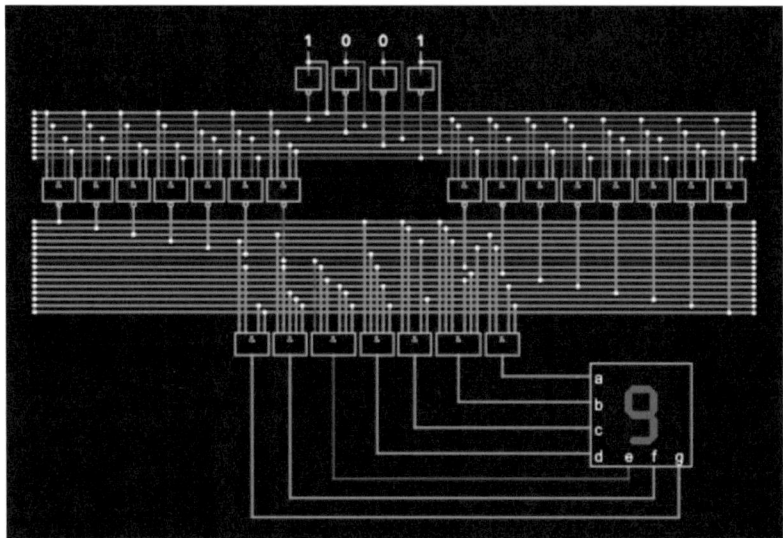

In der Digitaltechnik werden Logikgatter verwendet, um ein Schaltwerk zu realisieren. In der obigen Abbildung ist das Schema für einen 7-Segment-Dekodierers zu sehen, welcher interaktiv genutzt werden kann um die Funktionsweise nachzuvollziehen und anzupassen (Quelle: eigene Darstellung mithilfe des Falstad Circuit Simulators)

Im vorliegenden Schaltplan werden NAND- wie auch AND-Verknüpfungen verwendet, um die Binärzahl „1 0 0 1" als Ziffer „9" darzustellen. Dafür werden die Eingangssignale dekodiert und die entsprechenden Segmente angesteuert, sodass die entsprechende Dezimalzahl zu sehen ist.

6. Zusammenfassung

Die Übertragung von Nachrichten mithilfe von elektrischen Signalen erfolgte im 19. Jahrhundert durch Morsezeichen, welche telegraphisch über lange Distanzen überliefert werden konnten. Die Auslesung der Telegramme in alphanumerische Zeichen erfolgte manuell. Um die langwierige Übersetzung zu vereinfachen, erfand Carl Kinsley Anfang des 20. Jahrhunderts ein Gerät, welches elektrische Signale direkt in herkömmliche Schrift übersetzen konnte. Durch Ansteuerung einzelner Leuchten über eine logische Schaltung entstand so eine Anzeige. Diese wurde von F. W. Wood weiterentwickelt, jedoch erst ab 1970 weitläufig verwendet, nachdem Leuchtdioden marktreif und kostengünstig digitale Segmentanzeigen ermöglichen konnten. LED benötigen mindestens zwei Schichten von Halbleiterkristallen aus hochwertigen Mineralien zwischen denen einen Austausch von negativ und positiv geladenen Elektronen entstehen muss um zu leuchten. Die Miniaturisierung der Halbleitertechnik, deren Platinen und Schaltnetze unter Anderem auf der Aussagenlogik von Shannon beruht, bahnte den Weg für die Anwendung von digitalen Anzeigen als Möglichkeit, veränderliche Informationen aktualisiert darzustellen. Nicht nur bei digitalen Taschenrechnern, Radioweckern und Armbanduhren lässt sich eine Anzeige finden, welche auf diesen Grundlagen und Techniken beruht, sondern auch bei Haushaltsgeräten zur Darstellung der verbleibenden Laufzeit oder an der Einfahrt zu einer Tankstelle zur Übermittlung der aktuellen Preise.

7. Fazit

Elektrische Signale ermöglichen die Kommunikation zwischen Menschen über lange Distanzen hinweg. Digitale Anzeigetafeln erleichtern die Darstellung von Nachrichten, welche vom Sender als elektrische Signale kodiert übermittelt und beim Empfänger wieder dekodiert werden. Mithilfe des nötigen Wissens über Leuchtdioden und Halbleiter und der daraus wachsenden Technologien können digitale Anzeigen heutzutage kostengünstig hergestellt und verwendet werden. Zur wirtschaftlichen Verwendung von vergleichbaren Technologien zur Darstellung der anzuzeigenden Zeichen bedarf es weiterer Forschung.

Literaturverzeichnis

Abrol, A. & Sarwar, A. (2021). Application of Soft Computing Approach in Seven-segment Display Hardware as Applied to Business Strategies. Research Square.

Akanle, M. B. & Oguntosin, V. (2019). A digital indicator system with 7-segment display. Journal of Physics: Conference Series, 1299, 012139. doi:10.1088/1742-6596/1299/1/012139

Bernstein, H. (2019). Digitaltechnik. De Gruyter. doi:10.1515/9783110583670

Busch, R. (2015). Elektrotechnik und Elektronik. Elektrotechnik und Elektronik. doi:10.1007/978-3-658-09675-5

Falstad Circuit Simulator. (2021). 7-Segment-LED-Dekodierer. Verfügbar unter: https://tinyurl.com/ygy7scgc

Gehrke, W., Winzker, M., Urbanski, K. & Woitowitz, R. (2016). Digitaltechnik. Berlin, Heidelberg: Springer Berlin Heidelberg. doi:10.1007/978-3-662-49731-9

Haarmann, H. (2008). Weltgeschichte der Zahlen. Beck Verlag.

Harten, U. (2014). Physik (6. Auflage). Springer Vieweg. doi:10.1007/978-3-642-53854-4

Heinrich, B., Linke, P. & Glöckler, M. (2020). Grundlagen Automatisierung. Erfassen - Steuern - Regeln. Grundlagen Automatisierung (3. Auflage). doi:10.1007/978-3-658-27323-1

Kennedy, S. G. (1988). Writing messages on 7-segment displays. Electronic Systems News, 1988 (2), 6. doi:10.1049/esn.1988.0021

Kinsley, C. (1903). Method of electric signaling. United States of America: United States Patent and Trademark Office. Verfügbar unter: https://patents.google.com/patent/US1126641A

Marwedel, P. (2021). Eingebettete Systeme. Wiesbaden: Springer Fachmedien Wiesbaden. doi:10.1007/978-3-658-33437-6

Maxfield, C. M. (2009). Bebop to the Boolean Boogie. Elsevier. doi:https://doi.org/10.1016/B978-1-85617-507-4.X0001-0

Mäder, A. (2012). Rechnerstrukturen. Verfügbar unter: https://tams.informatik.uni-hamburg.de/lectures/2012ws/vorlesung/rs/doc/rsWS12-11.pdf

Schnabel, P. (2012). Elektronik-Fibel: Elektronik einfach und leicht verständlich. Verfügbar unter: https://www.elektronik-kompendium.de/sites/bau/0201111.htm (4.12.2020).

Schiffmann, W. & Schmitz, R. (2003). Technische Informatik. Springer Berlin Heidelberg.

Sharma, R. K. (1971). A low-cost seven-segmented display system. Radio and Electronic Engineer, 41 (5), 223. doi:10.1049/ree.1971.0063

Sturm, M., Rost, M., Wefel, S. & Gessler, R. (2014). Elektronik für Informatiker: Von den Grundlagen bis zur Mikrocontroller-Applikation.

Sulistyanto, M. P. (2020). Design of 4-digit Count-Up with 7-Segment 5-Inch SM415001L. Journal of Robotics and Control (JRC), 1 (4). doi:10.18196/jrc.1424

Reichardt, J. (2021). Digitaltechnik und digitale Systeme. Digitaltechnik und digitale Systeme. doi:10.1515/9783110706970

Wood, F. (1910). Illuminated announcement and display signal. United States of America: United States Patent and Trademark Office. Verfügbar unter: https://patents.google.com/patent/US974943

BEI GRIN MACHT SICH IHR WISSEN BEZAHLT

- Wir veröffentlichen Ihre Hausarbeit, Bachelor- und Masterarbeit

- Ihr eigenes eBook und Buch - weltweit in allen wichtigen Shops

- Verdienen Sie an jedem Verkauf

Jetzt bei www.GRIN.com hochladen und kostenlos publizieren